甘ゼリー・塩ゼリー

渡辺麻紀

講談社

はじめに、のようなこと。

子どものころ、母が作ってくれるグレープフルーツのゼリーは
私にとって、ごちそうすぎて、うれしすぎて、
コーフンのあまり、
倒れそうになるくらい大好きなデザートのひとつでした。
熱を出して寝ているときには、なにか食べたいものはない？　と
聞かれると、よくこのゼリーをねだりました。
いつもは兄と半分こにされてしまうのに、そのときばかりは
ひとりでひとつ、食べさせてもらえたので。
ぷるん、と冷たい食感は
熱でほてった口の中に、とても気持ちがよかったものです。
そのころは、絞った果汁の上に、
さらに砂糖をふりかけて食べていました。
つるん、としたゼリーと、じゃりじゃりした砂糖の食感と甘さが、
子どもだった私なりの、こだわりの食べ方でした。

フランス料理を勉強し始めてからは、
ぷるん、と固めたゼリーより、
ふるふるに、やっとまとまったようなゼリーに夢中でした。
口溶けがいいのはもちろん、自分で料理をするようになって、
その、ふるふる、ゆるゆるに仕上がる配合を見つける、
ということに燃えていたのだと思います。今思うと。
「ゼリー」とは決して言わずに、
かたくなに「ジュレ」なんて言ったりして。

ところが、
最近になって、ふと、
おやおや？　ふるふるジュレもいいけれど、
ぷるんと固めたゼリーもなかなかにおいしいぞ、と思ったのです。
それは、自分でもちょっとびっくりするような再発見でした。

ジュレじゃなくて、ゼリーでいいじゃないか。
ちょっとノスタルジックな気分にもなるし。
そう思ってから、私の中でのゼリーの楽しみ方は
さらにぐん、と広がったのです。

この本で「塩ゼリー」とくくった、
甘くないゼリーについても、そう。
やっぱり子どものころ、お誕生日パーティーに母がよく、
えびや野菜を入れた
「アスピック」（肉や魚などを使った前菜風のゼリー）を
大きなリング型で作ってくれました。
そのころはなぜか、甘くないゼリーになじめなかったのに、
今ごろになって、このおいしさにも目覚めました。

私は酒豪じゃないけれど、お酒は好きです。
だからか、お酒の好きな友達も多くて、
ひとしきり皆で気兼ねなく飲んで、
たくさんしゃべったあとに、
つるん、と口に入れる冷たいゼリーは、やっぱりとても気持ちよく、
ゼリーのデザートはいつも間違いなく大好評。
「ボウルいっぱい食べたい!!」というヒトが必ずいるほど。
作る側としては、そこにちょっとオトナなテイストも入れたくて、
食後酒代わりに、すこぅしリキュールをたらしてみたりもします。

そうそう、この残ったのを翌朝に食べるのもまた、
おいしいんだよなぁ。
そんなわけで、
ある夏には「朝ゼリー」にはまっていたこともありました。
フルーツや果汁、ときには野菜を、
夜のうちにゼリーにして冷蔵庫に入れておきます。
暑い暑い！　と起きてきて、
その冷たいゼリーを食べるシアワセといったら！
この楽しみのために、苦手な暑さにも前向きになれる、
と思えたほど。

ああ！　どうか、この本を読んでくださった皆さんにも、
ゼリーのおいしさと楽しさが伝わりますように。

ちなみに。
今の私は、グレープフルーツのゼリーに、白ワインやスプマンテ、
ジンやペルノー、ノイリーやラムなどを
たらして食べるのが好きです。
そのときの気分で。

渡辺麻紀

目次

2 はじめに、のようなこと。
5 ゼラチンについて

甘 ゼリー

6 はちみつしょうがレモンゼリー
8 ぶどうゼリー
10 パイナップルとマンゴーの
　　ジンジャーエールゼリー
12 グレープフルーツゼリー
14 にんじんゼリー
16 ベリーゼリーケーキ
18 ショコラゼリー
18 バニラミルクゼリー
20 ベトナムコーヒーゼリー
21 キャラメルマキアート風ゼリー
22 モヒート風 ミントとライムのゼリー
24 抹茶ゼリー
25 ミルクティーゼリー
26 プリンゼリー
28 あんみつ風ゼリー
29 黒糖ゼリー

〈フルーツゼリー×リキュールで大人ゼリー〉
30 すいかゼリー×カンパリ
32 桃ゼリー×スプマンテ
34 オレンジゼリー×チョコレートリキュール
36 りんごゼリー×カルバドスソース
38 ラムコークフロートゼリー
40 パナシェゼリー
42 ワインゼリー
44 ドライフルーツコンポートゼリーのトライフル風

塩 ゼリー

46 トマトカップゼリー
48 野菜ゼリー
50 生ハムペッパーゼリー
50 サーモンディルゼリー
52 えびとポーチドエッグのゼリー
54 枝豆と豆腐のすり流しジュレ
54 とうもろこしと香菜のすり流しジュレ
56 白身魚の梅じそ風味茶巾ゼリー
58 焼きなすゼリー

この本のきまり
・カップ1＝200㎖、大さじ1＝15㎖、小さじ1＝5㎖です。
・卵はMサイズを使用しています。
・「大人ゼリー」は、フルーツゼリーとお酒の組み合わせなどを提案していますが、お酒が苦手な人や、子どもに作る場合は、フルーツゼリーだけでも充分おいしくいただけます。
・冷蔵庫でゼリーを冷やし固める時間は目安です。季節や冷蔵庫の開閉頻度によって変わるため、固まり具合を見て判断してください。

ゼラチンについて

ゼリーを固める素材にも色々ありますが、本書では手軽で扱いやすい粉ゼラチンをすべてのレシピに使用しました。最初に粉ゼラチンの基本的な使い方を説明しますので、ゼリーを作るときに迷ったら、このページを開いてください。

●粉ゼラチン

ゼラチンは動物の骨や皮に含まれるたんぱく質で、コラーゲンが主な成分です。粉ゼラチンは粉末なので、板状の板ゼラチンよりも計量しやすく、使い方も簡単。ゼラチンは室温では固まらないので基本的には冷蔵庫で冷やし固めますが、冷蔵庫に入れずに氷水で冷やすだけで楽しめるレシピも作りました。寒天と違って、暖かい室温に長くおくと溶け出してしまうので、気をつけましょう。
ゼラチンの固まりやすさ、固まるまでの時間は、メーカーによって差があります。お使いのゼラチンの使用方法をよく読み、分量、時間を調整してください。本書では森永製菓の「森永クックゼラチン」を使用しました。

●粉ゼラチンのもどし方

1 ゼラチンを水にふり入れる
分量の水を小さな容器に入れ、分量の粉ゼラチンをふり入れます。必ず粉ゼラチンを水にふり入れること。水を粉ゼラチンに加えると、全体が均一にもどらなくなります。

2 ゼラチンと水を混ぜる
ゼラチンを混ぜるときは、計量スプーンの柄など、平らなもので。スプーンの窪みのあるほうで混ぜるとゼラチンがくっついて分量が変わってしまうことがあります。

3 15分おいてふやかす
ゼラチンと水が混ざったら、ラップをして室温に15分おき、ゼラチンをふやかしてもどします。ただし、夏の暑い時期は、室温よりも冷蔵庫でもどしたほうがよいでしょう。

●ゼリー液にとろみをつける

ふやかしたゼラチンは加熱するか電子レンジで溶かし、シロップや果汁などの液体に加えてゼリー液を作ります。ボウルの底を氷水に当てながらゴムべらで混ぜてとろみをつけますが、ゴムべらと逆の方向にボウルも一緒に回すことがポイント。こうすると全体が均一に冷えるので、とろみが早くついて固まる時間が短縮できます。また、ゼラチンを加えるときはそっと静かに、ゼリー液を混ぜるときはやさしくなでるように。粗く扱うと、ゼリー液に気泡ができて、きれいに仕上がらないことがあります。
＊溶かしたゼラチンを加熱していないものに直接加えるときは、合わせる食材は室温にもどしてから使ってください。冷蔵庫から出したてだとゼラチンの温度が急激に下がり、固まり方にむらができてしまいます。

●ゼリー液を早く固めたいとき

ゼリー液にとろみがついたら型や容器に移しますが、早く固めたい場合は、氷水を入れたバットに底をつけ、バットごと冷蔵庫に入れて冷やし固めるとよいでしょう。

●ゼリーを型から取り出す

型で固めたゼリーを器に盛る場合、型からきれいに取り出すコツがいくつかあります。取り出しに失敗すると、ゼリーならではの美しい質感が損なわれてしまうことも。おもてなしなどで失敗したくないときは、事前に試しておくことをおすすめします。

→小さな型の場合（プリン型）

型を湯につけて温める
型の底と側面を、約45℃の湯をはったボウルに3秒ほどつけると、型からはずしやすくなります。

→大きな型の場合（丸型、角型、流し缶など）

A 温かいタオルで型をくるむ
約50℃の湯につけて絞ったタオルか布巾を敷いて型をのせ、同様に温めたタオルか布巾で型の周囲を5〜10秒くるむと、型からはずれます。

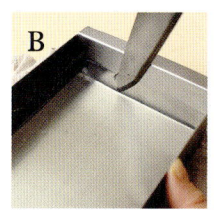

B 包丁かナイフを入れる
Aと同様に温めたタオルか布巾に型をのせ、薄い刃の包丁かナイフを型とゼリーの間に入れます。型に沿わせるようにスッと動かすのが、コツ。

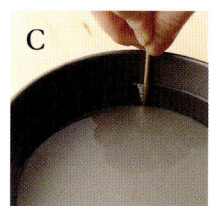

C 竹串でなぞる
Bの包丁かナイフの代わりに、竹串でもOK。コツはBと同じ。セルクルの場合は、型を器にのせてから竹串でなぞってはずします。

甘ゼリー

ひんやりと冷たく、ぷるるんと舌ざわりが心地いいゼリーはデザートの王様。
フルーツの甘みや香りを閉じ込めたキラキラと透明感のあるゼリーから
カフェのドリンクゼリー、お酒を使った大人のゼリーまで、
遊び心いっぱいのレシピをお届けします。

はちみつしょうがレモンゼリー

レモンの爽やかな酸味に、
しょうがのピリッとした辛さがアクセント。
はちみつをかけて好みの甘さにしてください。

材料　容量100mlのプリン型6個分
A ・粉ゼラチン…10g
　・水…大さじ6
B ・水…300ml
　・グラニュー糖…100g
レモンの皮（無農薬のもの）のすりおろし
　…1個分
レモン汁…100ml（約2個分）
しょうがの絞り汁…小さじ1
レモンのシロップ煮（右記参照）…6枚
はちみつ…適量

作り方
❶ Aの水を容器に入れ、粉ゼラチンをふり入れて混ぜ、ラップをして15分おいてふやかす。
❷ 小鍋にBを入れて中火にかけ、耐熱性のゴムべらで混ぜる。グラニュー糖が溶けて軽く沸騰したら火を止め、①のゼラチンをそっと加え、混ぜながら溶かして室温まで冷ます。
❸ ②をボウルに移して底を氷水に当てて冷まし、レモンの皮と汁、しょうがの絞り汁を加え（写真a）、ゴムべらでそっと混ぜながら、ゆるいとろみをつける。
❹ 型を水でサッとぬらして、氷水を入れたバットに並べる。型に③を大さじ2ずつ入れ、表面がふるふると固まるまでおく。
❺ レモンのシロップ煮の汁けをきって④に1枚ずつのせ（写真b）、残りの③を等分に流し入れる。バットから取り出して型にラップをし、冷蔵庫に入れて2時間以上冷やし固める。
❻ 型から取り出して器に盛り、はちみつをかける。

a　　b

レモンのシロップ煮

材料　作りやすい分量
レモン（無農薬のもの）の薄い輪切り
　…10枚
水…150ml
グラニュー糖…50g

作り方
小鍋に分量の水とグラニュー糖を入れて中火にかけ、耐熱性のゴムべらで混ぜる。グラニュー糖が溶けて軽く沸騰したら弱火にし、レモンを加える。鍋の大きさに合わせたオーブンペーパーで紙ぶたをし、15分ほど煮る。焦げないように火加減に注意し、水分がなくなりそうになったら、途中で水少々（分量外）を補う。火から下ろして完全に冷ます。

・ゼリーに使わない分は、紅茶やサイダー、ジンジャーエールに加えたり、トーストにはちみつと一緒にのせたりして楽しんで。

100ml容量のプリン型
この本ではゼリー型は使わずに、プリン型を使用。ノンスティック（くっつきにくい）加工のものなら、プリンを焼くときにも型からはずしやすくて便利。

ぶどうゼリー

巨峰を使うと、うっとりするような鮮やかな紫色のゼリーになります。
クリーミーなマスカルポーネと混ぜながらいただきましょう。

材料　全量約300mℓ・4人分
A ┌ 粉ゼラチン…5g
　 └ 水…大さじ3
巨峰（無農薬のもの）…300g（約30粒）
B ┌ 水…400mℓ
　 ├ グラニュー糖…50g
　 └ レモン汁…小さじ1
マスカルポーネチーズ
　（またはクリームチーズ、プレーンヨーグルト）
　　…大さじ8
飾り用の巨峰…適量

作り方

❶ Aの水を小さな容器に入れ、粉ゼラチンをふり入れて混ぜ、ラップをして15分おいてふやかす。

❷ 巨峰は皮をよく洗い、Bとともに鍋に入れて中火にかけ、耐熱性のゴムべらで混ぜてグラニュー糖を溶かす。沸騰したら弱火にしてあくを丁寧に取り除き、10分ほど煮る。火を止めて、そのまま室温まで冷ます。

❸ ざるにキッチンペーパーまたはガーゼを二重に敷き、②のぶどうジュースをこす。このうち300mℓをボウルに取り分ける（ジュースが足りなかったら水適量を足して300mℓにする）。

❹ ①のゼラチンを湯せんにかけて（または600Wの電子レンジに2～3秒かけて）溶かし、③にそっと加える。ゴムべらで混ぜ、バットやボウル、容器などに移してふたかラップをし、冷蔵庫に入れて3時間以上冷やし固める。

❺ 器にマスカルポーネチーズを等分に入れ、④のゼリーをスプーンなどでクラッシュして（写真）適量をのせる。飾り用の巨峰の皮をむき、半分に切って添える。

パイナップルとマンゴーのジンジャーエールゼリー

南国フルーツのトロピカルなゼリー。パイナップルとマンゴーは
フレッシュを使うとゼラチンが固まりにくくなるので、缶詰を使います。

材料　全量約1ℓ分・6～8人分
A ┌ 粉ゼラチン…15g
　└ 水…大さじ9
パイナップルの輪切り（缶詰）…4枚
マンゴー（缶詰）…100g（正味）
ジンジャーエール*…760mℓ

＊室温に戻しておく。

作り方

❶　Aの水を容器に入れ、粉ゼラチンをふり入れて混ぜ、ラップをして15分おいてふやかす。

❷　パイナップルは6等分に、マンゴーは一口大に切る。

❸　①のゼラチンを大きめのボウルに入れて底を湯せんにかけ、耐熱性のゴムべらでそっと混ぜながらゼラチンを溶かす。

❹　③を湯せんからはずし、ジンジャーエールをゆっくりと注ぎ入れ（写真）、混ぜる。器に移して②のマンゴーを散らす。ラップをし、表面がゆるゆるとするまで冷蔵庫に入れて冷やし固める。

❺　④に②のパイナップルをもとの形に戻すようにして手早くのせ、再びラップをして冷蔵庫に入れ、2時間以上冷やし固める。

グレープフルーツゼリー

小さいときに母がよく作ってくれたゼリーです。
ふたの果肉を絞り、フレッシュな果汁をかけていただくのがわが家流。

材料　全量約450㎖・3個分
A ┌ 粉ゼラチン…10g
　└ 水…大さじ6
グレープフルーツ…4個
グラニュー糖…120g

作り方

❶　Aの水を容器に入れ、粉ゼラチンをふり入れて混ぜ、ラップをして15分おいてふやかす。

❷　グレープフルーツは皮をよく洗い、このうち3個は¾の高さのところで横に切る。上のほうは果肉がついたままとっておく。下のほうは果肉と皮の間にナイフで切り込みを入れ、スプーンなどで果肉を取り出す。皮は器として使うので、中に残った薄皮や筋を手できれいに取り除き、とっておく。

❸　②の果肉は二重にしたガーゼで包み、果汁を絞る。残りのグレープフルーツ1個は半分に切って果汁を絞る。双方の果汁を合わせて450㎖にする（果汁が足りなければ水適量を足して450㎖にする）。

❹　アルミホイルをクルクルと巻いて1cm幅くらいにし、②の皮がのるようにリング状にする（写真右）。これを3つ作ってバットに置き、②の皮をのせて安定させる。

❺　③の果汁100㎖、グラニュー糖を小鍋に入れて中火にかけ、耐熱性のゴムべらで混ぜてグラニュー糖を溶かす。沸騰したら火を止め、①のゼラチンをそっと加え、混ぜながらゼラチンを溶かす。

❻　⑤をボウルに移して底を氷水に当て、室温まで冷ます。③の残りの果汁を加えてゴムべらでそっと混ぜながらとろみをつける。

❼　⑥を④の皮の八分目まで分け入れてラップをし、バットごと冷蔵庫に入れて3時間以上冷やし固める。

❽　器にのせて②でとっておいた上の部分を添え、果汁をぎゅっと絞ってゼリーにかけ（写真左）、混ぜながら食べる。好みで、ジン、ペルノー、ラム、コアントロー、キルシュなど好みのリキュールをたらしても。

にんじんゼリー

みずみずしいにんじんを選ぶのが、おいしいゼリーにする秘訣。
オリーブオイルをかけるとまろやかになって、にんじんの甘みが際立ちます。

材料　全量約400㎖・3人分
A┌粉ゼラチン…5g
　└水…大さじ3
にんじん（無農薬のもの）*…約2本（400g）
りんごジュース（市販）*…約50㎖
レモン汁…小さじ1
上白糖…大さじ3
塩…1つまみ
エクストラバージンオリーブオイル
　　…適宜

＊室温に戻しておく。

作り方

❶　Aの水を小さな容器に入れ、粉ゼラチンをふり入れて混ぜ、ラップをして15分おいてふやかす。
❷　にんじんは皮をよく洗って皮ごとすりおろし（写真a）、二重にしたガーゼで包んで絞り、ジュースをとる（写真b）。
❸　②のにんじんジュースにりんごジュースを加えて300㎖にし、ボウルに入れる。レモン汁、上白糖、塩を加え、上白糖が溶けるまでゴムべらでよく混ぜる。
❹　①のゼラチンを湯せんにかけて（または600Wの電子レンジに2～3秒かけて）溶かし、③にそっと加えて混ぜる。ボウルの底を氷水に当て、ゴムべらでそっと混ぜながらとろみをつける。
❺　④を器に分け入れてラップをし、冷蔵庫に入れて3時間以上冷やし固める。食べるときに好みでオリーブオイルをたらす。

a

b

ベリーゼリーケーキ

華やかなベリーたっぷりのゼリーケーキは、パーティーにおすすめ。
甘酸っぱくてフルーティー！ 好みでバニラアイスを添えても。

**材料　ゼリー液の全量約600㎖・
　　　15×15×高さ5㎝の角型1台分**
- A ┬ 粉ゼラチン…10g
　　└ 水…大さじ6
- B ┬ ロゼワイン…400㎖
　　└ グラニュー糖…80g
- いちご…10個
- ラズベリー（生または冷凍）…20個
- サワーチェリー（缶詰）…15個
- ブルーベリー（生または冷凍）…20個
- スポンジ生地（市販の直径18㎝のものを1㎝厚さに切ったもの）…1枚

作り方

① Aの水を容器に入れ、粉ゼラチンをふり入れて混ぜ、ラップをして15分おいてふやかす。

② スポンジ生地は型の中に入るように、型よりひとまわり小さいサイズに成形する。切り落とした部分もとっておく。

③ いちごはへたを取って縦半分に切る。ラズベリーは手で半分に裂く。サワーチェリーはキッチンペーパーにのせて缶汁をきる。

④ 鍋にBを入れて中火にかけ、耐熱性のゴムべらで混ぜてグラニュー糖を溶かす。軽く沸騰したら火を弱めてあくを取り除き、4～5分ほど煮て、アルコール分をとばす。火を止めて①のゼラチンをそっと加え、混ぜながらゼラチンを溶かす。

⑤ ④をボウルに移して底を氷水に当て、ゴムべらでそっと混ぜて完全に冷ます。

⑥ ⑤に③、ブルーベリーを加え（写真a）、さらに混ぜながらとろみをつける。

⑦ 型を水でサッとぬらし、⑥を流し入れ、②をのせる（写真b）。スポンジ生地が足りない部分は、②で切り落とした部分で補う。上から軽く押さえて安定させる。ラップをして静かに冷蔵庫に入れ4時間以上冷やし固める。

⑧ 型の周囲を温め、型の上に盛りつける器を逆さにしてかぶせ、そのまま上下を返す。軽くふり落とすようにして、型から器に取り出す。

a

b

15×15×高さ5㎝の角型
15㎝の角型（ノンスティック加工）は、お菓子の型では定番。焼き菓子などさまざまなスイーツに使えるので、一つあると便利です。

ショコラゼリー　　バニラミルクゼリー

冷蔵庫から出したてよりも
15分ほど室温においたほうが、
ショコラの香りと口溶けが楽しめます。

バニラの甘い香りがリッチなミルクゼリー。
クリーミーな口溶けを楽しんで。
もちろん、牛乳だけで作っても。

ショコラゼリー

材料　全量約450ml・4人分
- A
  - 粉ゼラチン…5g
  - 水…大さじ2
- 製菓用チョコレート
  - （ビター／カカオ63%のもの）
  - …130g
- B
  - 水…250ml
  - グラニュー糖…50g
- クレーム・ド・カシス
  - …大さじ1
- ざくろの実…適量
- シロップ
  - 水…50ml
  - グラニュー糖…20g

作り方

❶　Aの水を小さな容器に入れ、粉ゼラチンをふり入れて混ぜ、ラップをして15分おいてふやかす。

❷　チョコレートは包丁で細かく刻んでボウルに入れる。

❸　小鍋にBを入れて中火にかけ、耐熱性のゴムべらで混ぜてグラニュー糖を溶かす。軽く沸騰したら火を止め、①のゼラチンをそっと加え、混ぜながらゼラチンを溶かす。

❹　②に③を少しずつ加えながら泡立て器ですり混ぜる（写真）。チョコレートが溶けてなめらかになったら、クレーム・ド・カシスを加える。

❺　④のボウルの底を氷水に当て、ゴムべらでそっと混ぜながらとろみをつける。

❻　⑤を器に分け入れてラップをし、冷蔵庫に入れて1時間以上冷やし固める。

❼　シロップを作る。小鍋に材料を入れて中火で煮立たせ、耐熱性のゴムべらで混ぜる。グラニュー糖が溶けたら火を止めて完全に冷まし、容器に入れて冷蔵庫で冷やす。

❽　⑥に⑦を等分にそっと張り、ざくろの実を散らす。

クレーム・ド・カシス
カシスのリキュールでフランス・ディジョン地方産のものが有名。なければ省いてもOK。または、キルシュ、コアントロー、ラム酒、ブランデーなどで代用しても。

バニラミルクゼリー

材料　全量約750ml・6人分
- A
  - 粉ゼラチン…5g
  - 水…大さじ2
- 牛乳…500ml
- グラニュー糖…120g
- バニラビーンズ…½本
- 生クリーム（乳脂肪35%のもの）…100ml

作り方

❶　Aの水を小さな容器に入れ、粉ゼラチンをふり入れて混ぜ、ラップをして15分おいてふやかす。

❷　小鍋に牛乳、グラニュー糖を入れる。

❸　バニラビーンズのさやに縦に切り目を入れて中身をしごき出し（写真a）、②にさやごと加えて（写真b）中火にかけ、耐熱性のゴムべらで混ぜる。

❹　③のグラニュー糖が溶けたら火を止めて①のゼラチンをそっと加え、混ぜながらゼラチンを溶かす。バニラビーンズのさやを鍋から取り出す。

❺　④をボウルに移して底を氷水に当てて冷まし、生クリームを加え、ゴムべらでそっと混ぜながらとろみをつける。

❻　⑤を器に分け入れてラップをし、冷蔵庫に入れて2時間以上冷やし固める。好みで、④で取り出したバニラのさやを洗い、適当な長さに切って飾る。

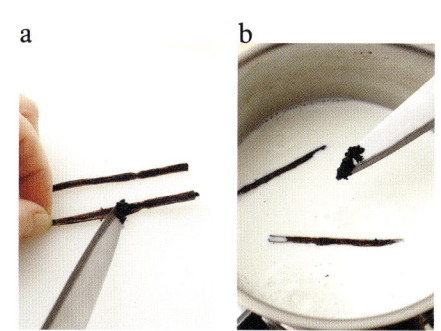

ベトナムコーヒーゼリー

コンデンスミルク&コーヒーを
二層に固めたゼリー。
ベトナム風にコーヒーは濃いものを。

材料　全量約600㎖・4人分
コーヒーゼリー
A ┌ 粉ゼラチン…10g
　 └ 水…大さじ3
　コーヒー（淹れたての熱いもの）…500㎖
コンデンスミルクゼリー
B ┌ 粉ゼラチン…3g
　 └ 水…大さじ1
　コンデンスミルク…70㎖
　牛乳…70㎖

作り方
❶　Aの水を小さな容器に入れ、粉ゼラチンをふり入れて混ぜ、ラップをして15分おいてふやかす。Bも同様にしておく。
❷　コーヒーゼリーを作る。ボウルにコーヒーを入れて①のゼラチンAをそっと加え、耐熱性のゴムべらで混ぜながらゼラチンを溶かし、冷ます。
❸　コンデンスミルクゼリーを作る。小鍋にコンデンスミルクと牛乳を入れて中火にかけ、耐熱性のゴムべらで混ぜる。軽く煮立ったら火を止め、①のゼラチンBをそっと加え、耐熱性のゴムべらで混ぜながらゼラチンを溶かし、冷ます。
❹　グラスに③のコンデンスミルクゼリーを分け入れ、氷水を入れたバットに並べる。表面がゆるゆると揺れるほど固まったら、②のコーヒーゼリーを等分にそっと流し入れる（写真）。ラップをし、バットごと冷蔵庫に入れて2時間以上冷やし固める。

キャラメルマキアート風ゼリー

カフェで人気のキャラメルマキアートを
ゼリーにアレンジ。
ミルクゼリーはスチームしたようにふわふわ。

材料　全量約500㎖・2人分

カラメルゼリー
　A ┌ 粉ゼラチン…5g
　　└ 水…大さじ2
　牛乳…250㎖
　カラメル
　　┌ グラニュー糖…100g
　　└ 水…大さじ1
　ベイリーズ…大さじ1

ふわふわミルクゼリー
　B ┌ 粉ゼラチン…3g
　　└ 水…大さじ1
　牛乳…100㎖
　グラニュー糖…大さじ3

作り方

❶　カラメルゼリーを作る。Aの水を小さな容器に入れ、粉ゼラチンをふり入れて混ぜ、ラップをして15分おいてふやかす。

❷　小鍋に牛乳を入れて沸騰直前まで温める。

❸　別の小鍋にカラメルの材料のグラニュー糖と分量の水を入れて中火にかけ、鍋を回しながらグラニュー糖を溶かす。カラメル色になったら火を止め、②の牛乳を6回に分けて少しずつ加える（はねるのでやけどに気をつけて）。全量を加えたら弱火にかけ、泡立て器でかき混ぜながらかたまりを溶かし（写真a）、火を止める。

❹　③に①のゼラチンをそっと加え、耐熱性のゴムべらで混ぜながらゼラチンを溶かす。これを茶こし（または目の細かいざる）でこしてボウルに入れ、底を氷水に当てて冷ます。ベイリーズを加え、ゴムべらでそっと混ぜながら、とろみをつける。グラスに分け入れてラップをし、氷水を入れたバットに並べ、バットごと冷蔵庫に入れて2時間以上冷やし固める。

❺　ふわふわミルクゼリーを作る。Bの水を小さな容器に入れ、粉ゼラチンをふり入れて混ぜ、ラップをして15分おいてふやかす。

❻　小鍋に牛乳とグラニュー糖を入れて中火にかけ、耐熱性のゴムべらで混ぜる。グラニュー糖が溶けたら⑤のゼラチンをそっと加え、混ぜながらゼラチンを溶かす。

❼　⑥をボウルに移して底を氷水に当て、ゴムべらでそっと混ぜる。とろみがついたら、ふわふわになるまでハンドミキサーで勢いよく泡立てる（写真b）。

❽　④のカラメルゼリーの上に⑦のふわふわミルクゼリー適量をのせる。

ベイリーズ・オリジナル・アイリッシュクリーム
アイリッシュウイスキーとクリームをベースに、チョコレートやバニラのフレーバーを加えたリキュール。

a

b

モヒート風 ミントとライムのゼリー

ラムをベースにしたキューバのカクテル、モヒートをイメージして作りました。
ミントたっぷりにペリエをシュワッとかけて、すっきり爽やか。

材料　全量約700ml・6人分
A ┌ 粉ゼラチン…15g
　└ 水…大さじ6
ペパーミントの葉…18g
B ┌ 水…500ml
　└ グラニュー糖…150g
ライム果汁…1個分（約大さじ4）
ライムの皮のすりおろし…1個分
ホワイトラム…大さじ3
ペリエ（冷えたもの）…約300ml

作り方
❶　Aの水を容器に入れ、粉ゼラチンをふり入れて混ぜ、ラップをして15分おいてふやかす。
❷　ペパーミントの葉は50枚（約2g）ほど仕上げ用に取り分けておく。
❸　鍋にBを入れて中火にかけ、耐熱性のゴムべらでかき混ぜてグラニュー糖を溶かす。軽く沸騰したら火を止めてペパーミントの葉を加え（仕上げ用は除く）、ふたをして15分おく。
❹　③を目の細かいざるでこしてボウルに入れ（写真a）、①のゼラチンをそっと加えてゴムべらで混ぜ、冷ます。
❺　④にライム果汁と皮、ホワイトラムを加えて混ぜる。底を氷水に当て、ゴムべらでそっと混ぜながら、とろみをつける。
❻　⑤に仕上げ用にとっておいたミントの葉を加えて混ぜる（写真b）。器に入れてラップをし、冷蔵庫に入れて2時間以上冷やし固める。
❼　食べる直前にペリエを注ぎ、取り分ける。

a
b

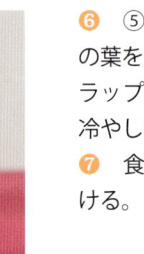

ホワイトラム
ラムはさとうきびを原料として作られる蒸留酒。ホワイト、ゴールド、ダークと3種類あるなかで、無色透明のものがホワイトラム。

抹茶ゼリー

抹茶のゼリーに白あんを入れて
羊羹風に仕立てました。
冷たいお茶と一緒にどうぞ。

材料 全量約500㎖・5×21×高さ4㎝の流し缶1台分・6人分

A ┌ 粉ゼラチン…10g
　└ 水…大さじ4
抹茶（粉末）…大さじ1½
グラニュー糖…50g
熱湯…350㎖
白あん（市販）…100g

作り方

❶ Aの水を小さな容器に入れ、粉ゼラチンをふり入れて混ぜ、ラップをして15分おいてふやかす。

❷ 白あんは6等分にし、丸める。

❸ 抹茶は茶こしでこしてボウルに入れ、グラニュー糖を加えて泡立て器で混ぜる。分量の熱湯のうち50㎖を加え、よくすり混ぜる。

❹ ③に残りの熱湯を少しずつ加えて溶き混ぜ、①のゼラチンもそっと加えて混ぜる。ボウルの底を氷水に当て、ゴムべらで混ぜながら、ゆるいとろみをつける。

❺ 流し缶を水でサッとぬらし、氷水を入れたバットに流し缶をのせ、④の半量を流し入れ、その上に②の白あんを等間隔にのせる。白あんの中心に楊枝を刺し、残りの④を流し入れる（写真）。表面がゆるゆると揺れるほど固まったら、バットから取り出してラップをし、冷蔵庫に入れて3時間以上冷やし固める。

❻ 流し缶から取り出し、楊枝を目安にして6等分に切り分け、楊枝を抜いて器に盛る。

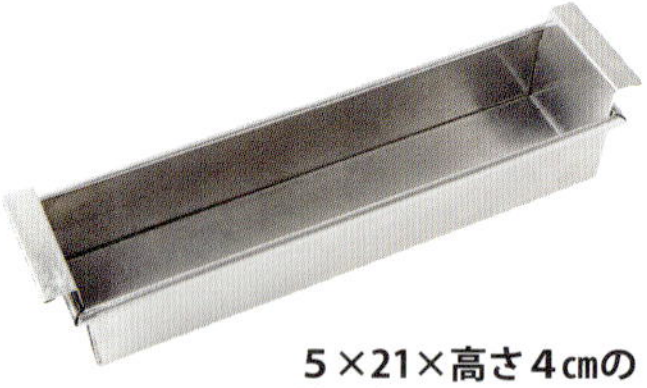

5×21×高さ4㎝の流し缶
流し缶はゼリー液や寒天液を流し固める型。抜き板の側面を持ち上げて型からはずしますが、使う前に水でサッとぬらしておくことがポイント。

ミルクティーゼリー

お茶とデザートを
兼ねたゼリーは
ティータイムにおすすめ。
紅茶の茶葉は
好みのフレーバーで。

材料　全量約250㎖・2人分
A・粉ゼラチン…5g
　・水…大さじ2
紅茶の茶葉…大さじ2
熱湯…150㎖
グラニュー糖…40g
牛乳＊…100㎖
生クリーム（乳脂肪35％のもの）…50㎖
シナモンパウダー…適量

＊室温に戻しておく。

作り方
❶　Aの水を小さな容器に入れ、粉ゼラチンをふり入れて混ぜ、ラップをして15分おいてふやかす。
❷　ボウルに紅茶の茶葉を入れて分量の熱湯を注ぎ、ラップをして1分おき、紅茶を抽出する。
❸　②を茶こしでこしてボウルに入れ、①のゼラチンとグラニュー糖を加え、耐熱性のゴムべらで混ぜて溶かす。
❹　③に牛乳を加えてボウルの底を氷水に当て、ゴムべらでそっと混ぜながらとろみをつける。
❺　④をカップに分け入れてラップをし、冷蔵庫に入れて2時間以上冷やし固める。
❻　生クリームを好みのかたさに泡立てて、好みの量を⑤にのせ、シナモンパウダーをふる。

プリンゼリー

カスタード風のやさしい卵の風味は、まさにプリン！
カラメル風のメープルシロップゼリーは、はちみつに代えてもOKです。

材料　100㎖容量のプリン型6個分

メープルシロップゼリー
　A ┬ 粉ゼラチン…3g
　　└ 水…大さじ1
　メープルシロップ…50㎖
　水…50㎖

プリンゼリー
　B ┬ 粉ゼラチン…10g
　　└ 水…大さじ3
　卵…1個
　卵黄…2個分
　牛乳…450㎖
　グラニュー糖…80g
　バニラビーンズ…¼本
生クリーム（乳脂肪35％のもの）…50㎖
メロン、ラズベリー、ブルーベリー
　…各適量

作り方

❶ メープルシロップゼリーを作る。Aの水を小さな容器に入れ、粉ゼラチンをふり入れて混ぜ、ラップをして15分おいてふやかす。

❷ 小鍋にメープルシロップと分量の水を入れて中火にかけ、耐熱性のゴムべらで混ぜる。メープルシロップが溶けたら火を止め、①のゼラチンをそっと加え、混ぜて溶かす。型に分け入れてラップをしておく。

❸ プリンゼリーを作る。Bの水を小さな容器に入れ、粉ゼラチンをふり入れて混ぜ、ラップをして15分おいてふやかす。

❹ ボウルに卵と卵黄を入れ、泡立て器でよく混ぜる。

❺ 小鍋に牛乳とグラニュー糖を入れ、バニラビーンズのさやに縦に切り目を入れて中身をしごき出し、さやごと加える。中火にかけ、泡立て器で混ぜながらグラニュー糖を溶かす。バニラビーンズのさやを取り出す。

❻ ④に⑤を加えながら混ぜる（写真a）。これを小鍋に戻し入れて弱火にかけ、耐熱性のゴムべらで絶えずかき混ぜながら5分ほど火を通す（写真b）。火を止めて③のゼラチンをそっと加え、混ぜて溶かす。ボウルに移して底を氷水に当て、そっと混ぜながら冷やす。

❼ ②のメープルシロップゼリーの型を氷水を入れたバットに並べ、表面がふるふると固まってきたら、とろみのついた⑥を分け入れる。ラップをし、バットごと冷蔵庫に入れて2時間以上冷やし固める。

❽ ⑦を型から取り出して器に盛る。生クリームを八分立てにし、絞り出し袋で好みの量を絞り、食べやすい大きさに切ったメロン、ラズベリー、ブルーベリーをのせる。

・メープルシロップゼリーとプリンゼリーがはがれやすいので、形を整えながら器に盛って。

a　b

あんみつ風ゼリー

材料　全量約250㎖・4人分

ゆで小豆（缶詰）*…200g
白玉（作りやすい分量）
　白玉粉…50g
　水…80㎖
A・粉ゼラチン…5g
　・水…大さじ2
みかん（缶詰）…8粒
ナタデココ（缶詰）…8粒
栗の甘露煮（市販）…2個
水…50㎖
黒みつ…適宜

＊室温に戻しておく。

作り方

❶　白玉を作る。ボウルに白玉粉を入れて水80㎖を少しずつ加え、指先で混ぜてこねる。耳たぶくらいのかたさになったら、ラップで包んで30分おき、直径1㎝ほどに丸める（約30個できる）。小鍋に湯を沸かし、白玉を1個ずつ入れ、湯面に浮かんで2分ほどしたら冷水にとって完全に冷まし、水けをきる。このうち8個をゼリーに使用する。

・残った白玉は、きな粉、和三盆、黒みつなどをかけて楽しんで。

❷　Aの水を小さな容器に入れ、粉ゼラチンをふり入れて混ぜ、ラップをして15分おいてふやかす。

❸　みかんとナタデココは缶汁をよくきる。栗は4等分に切る。容量50㎖くらいの容器に20㎝四方に切ったラップを敷き込んだものを4個準備する。

❹　小鍋に水50㎖を入れて中火で沸かし、②のゼラチンをそっと加え、耐熱性のゴムべらで混ぜて溶かす。

❺　ボウルにゆで小豆を入れて④を加えて混ぜる。ボウルの底を氷水に当て、ゴムべらでかき混ぜながらとろみをつける。

❻　⑤を等分に③のラップにのせ、みかん、ナタデココ、栗、白玉をそれぞれ2個ずつのせる。ラップを茶巾に包み（写真a）、口を輪ゴムでしっかりとめ、氷水を張ったボウルに入れる（写真b）。そのまま30分ほどおいて冷やし固め（氷が溶けてきたら適宜足す）、ラップをはずして器に盛る。好みで黒みつをかける。

あんこゼリーに白玉やフルーツを混ぜて茶巾にした、あんみつのように賑やかで味わい豊かなゼリーです。

a

b

黒糖ゼリー

材料　全量約250mℓ・11×14×高さ5cmの流し缶1台分
A ┌ 粉ゼラチン…5g
　└ 水…大さじ2
黒砂糖（かたまりまたは粉末）…70g
水…200mℓ
しょうゆ…2～3滴
しょうがの絞り汁…約大さじ2

作り方

❶　Aの水を小さな容器に入れ、粉ゼラチンをふり入れて混ぜ、ラップをして15分おいてふやかす。

❷　黒砂糖はかたまりの場合は包丁で細かく刻み（粉末はそのまま）小鍋に入れ、分量の水を加えて30分ほどおく。黒砂糖が溶けてきたら中火にかけ、耐熱性のゴムべらで混ぜて溶かす。途中、あくが出たら取り除く。

❸　黒砂糖が完全に溶けたら火を止め、しょうゆ、①のゼラチンをそっと加えて混ぜる。ゼラチンが溶けたら茶こし（または目の細かいざる）でこし、水でサッとぬらした流し缶に入れて完全に冷ます。ラップをし、冷蔵庫に入れて3時間以上冷やし固める。

❹　流し缶から取り出し、好みの大きさに切り分けて器に盛り、しょうがの絞り汁を等分にかける。

黒糖のコクのあるゼリーを
しょうがの絞り汁でキリッ。
バニラアイスやパイナップルを添えても。

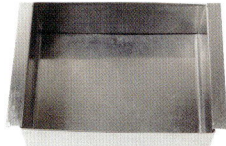

11×14×高さ5cmの流し缶
24ページの「抹茶ゼリー」では細長い流し缶を使いますが、こちらは一般的によく使われるタイプの長方形の流し缶です。

フルーツゼリー×リキュールで大人ゼリー

フルーツゼリーにリキュールをかけるのが私の好きな食べ方。
ナイトキャップや食後酒代わりに楽しめます。
もちろんゼリーだけでも充分においしいので、リキュールはお好みで。

すいかゼリー×カンパリ

真夏の暑いときに甘いすいかに苦みのあるカンパリをかけると最高においしい！
すいかの甘みが足りないときは砂糖を足して。

材料　全量約450㎖・2〜3人分
A ┌ 粉ゼラチン…5g
　└ 水…大さじ3
すいか（皮と種は除く）*…350g（正味）
上白糖…30g
塩…1つまみ
製菓用チョコチップ…適量
カンパリ…適宜

＊室温に戻しておく。

作り方
❶　Aの水を小さな容器に入れ、粉ゼラチンをふり入れて混ぜ、ラップをして15分おいてふやかす。
❷　すいか、上白糖、塩をミキサーにかけてジュースにする。味をみて甘さが足りないようなら、上白糖適宜（分量外）を足して調え、ボウルに移す。
❸　①のゼラチンを湯せんにかけて（または600Wの電子レンジに2〜3秒かけて）溶かし、②にそっと加えてゴムべらで混ぜる。ボウルの底を氷水に当て、そっと混ぜながらとろみをつける（写真）。
❹　③を器に分け入れてチョコチップを等分に散らし、ラップをして冷蔵庫に入れ、3時間以上冷やし固める。食べるときに好みでカンパリをかける。

カンパリ
主原料のビターオレンジにキャラウェイ、コリアンダーなど数十種類のスパイスやハーブをミックスしたイタリアのリキュール。

桃ゼリー×スプマンテ

桃とスプマンテは私の好きな組み合わせ。
ゼリー液にグレナデンシロップを加えると、ほんのりピンクに色づいてキュート！

材料　全量約400㎖・3人分
A ┌ 粉ゼラチン…3g
　└ 水…大さじ1
白桃（缶詰／半割りのもの）*…3個
白桃のシロップ（缶汁）…200㎖
レモン汁…小さじ1
グレナデンシロップ…適宜
好みのスプマンテ（よく冷えたもの）…適宜

＊室温に戻しておく。

作り方
❶　Aの水を小さな容器に入れ、粉ゼラチンをふり入れて混ぜ、ラップをして15分おいてふやかす。
❷　白桃のシロップは足りなければ、水適量を足して200㎖にする。目の細かいざる（できれば、ざるにキッチンペーパーかガーゼを二重にして敷く）でこしてボウルに入れ、レモン汁を混ぜる。
❸　①のゼラチンを湯せんにかけて（または600Wの電子レンジに2～3秒かけて）溶かし、②にそっと加えてゴムべらで混ぜる。ボウルの底を氷水に当て、そっと混ぜながらとろみをつける。
❹　③をスープ皿などの器に分け入れて好みでグレナデンシロップを等分にたらし、白桃を1個ずつ真ん中にのせる（白桃は好みの大きさにカットしてもOK）。ラップをし、冷蔵庫に入れて1時間以上冷やし固める。食べるときに好みでスプマンテをかける（写真）。

スプマンテ
イタリア語でスパークリングワインのこと。産地や辛口、甘口、白、ロゼなど、好みのものでどうぞ。

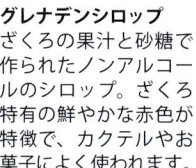

グレナデンシロップ
ざくろの果汁と砂糖で作られたノンアルコールのシロップ。ざくろ特有の鮮やかな赤色が特徴で、カクテルやお菓子によく使われます。

オレンジゼリー×チョコレートリキュール

オレンジ＆チョコレート。オランジェットのイメージで組み合わせました。
グランマニエやコアントロー、ウイスキーをかけてもおいしい。

材料　全量約350mℓ・4～5人分
A ┌ 粉ゼラチン…5g
　 └ 水…大さじ2
オレンジ（無農薬のもの）*…3～4個
上白糖…適宜
チョコレートリキュール…適宜

＊室温に戻しておく。

作り方
❶ Aの水を小さな容器に入れ、粉ゼラチンをふり入れて混ぜ、ラップをして15分おいてふやかす。
❷ オレンジは1個を取り分けておき、残りの2～3個を半分に切って、果汁を絞る。このうち250mℓをボウルに入れる。果汁の味をみて甘さが足りないようなら上白糖を加えて好みの甘さに調え、よく混ぜて上白糖を溶かす。
❸ ②で取り分けておいたオレンジは皮をよく洗って水けを拭く。皮をすりおろして薄皮から果肉を取り出し、3～4等分に切る（写真右）。
❹ ①のゼラチンを湯せんにかけて（または600Wの電子レンジに2～3秒かけて）溶かし、②にそっと加えてゴムべらで混ぜる。③の果肉を加えて混ぜ、ラップをし、冷蔵庫に入れて3時間以上冷やし固める。
❺ ④をスプーンですくって器に盛り、好みでチョコレートリキュールをかける（写真左）。

チョコレートリキュール
私のおすすめは、チョコレートの名門、ゴディバのリキュール。厳選されたカカオで作られた上質な風味が楽しめます。

35

りんごゼリー×カルバドスソース

りんごは皮も一緒に煮て、上品なローズピンク色のゼリーに。
合わせるリキュールはもちろん、りんごのお酒・カルバドス。

材料　全量約500㎖・直径15㎝の底取れケーキ型1台分

A ┌ 粉ゼラチン…10g
　└ 水…大さじ6
りんご（できれば紅玉／無農薬のもの）…2個
レモン汁…小さじ2
上白糖…150g
水…400㎖

カルバドスソース
　カルバドス…大さじ1
　生クリーム（乳脂肪35％のもの）…100㎖
　上白糖…大さじ1

作り方

❶ Aの水を容器に入れ、粉ゼラチンをふり入れて混ぜ、ラップをして15分おいてふやかす。

❷ りんごは皮をよく洗って水けをきり、縦8等分にして皮をむき、芯を取る。果肉は横半分に切る。皮はとっておく。

❸ 鍋に②の果肉と皮、レモン汁、上白糖を入れて分量の水を注ぎ、中火にかける。沸騰したら弱火にし、あくを丁寧に取り除く。鍋の大きさに合わせて切ったオーブンペーパーで紙ぶたをし（写真a）、15分ほど煮る。りんごに竹串がスーッと通るほど柔らかくなったら火を止め、そのまま室温まで冷ます（写真b）。

❹ ①のゼラチンを湯せんにかけて（または600Wの電子レンジに2～3秒かけて）溶かす。

❺ ③の煮汁250㎖（煮汁が足りなければ水適量を足して250㎖にする）をボウルに移し、④をそっと加えてゴムべらで混ぜる。ボウルの底を氷水に当て、そっと混ぜながらとろみをつける。

❻ 水でサッとぬらした型に⑤を流し入れ、③の果肉の汁けをきって並べ入れる（皮は除く）。ラップをして冷蔵庫に入れ、6時間以上冷やし固める。

❼ ⑥を型から取り出して好みの大きさに切り、器に盛る。ボウルにカルバドスソースの材料を入れ、泡立て器で上白糖が溶けるまでよく混ぜ、ゼリーに添える。

a　b

カルバドス
フランスのノルマンディー地方で作られている、りんごを原料とした蒸留酒。食後酒としても人気があり、りんごのいい香りが楽しめます。

直径15㎝の底取れケーキ型
焼き菓子用の型（ノンスティック加工）で、生地が取り出しやすいように底が取れる構造です。もちろん、ゼリーも型からはずしやすくて便利。

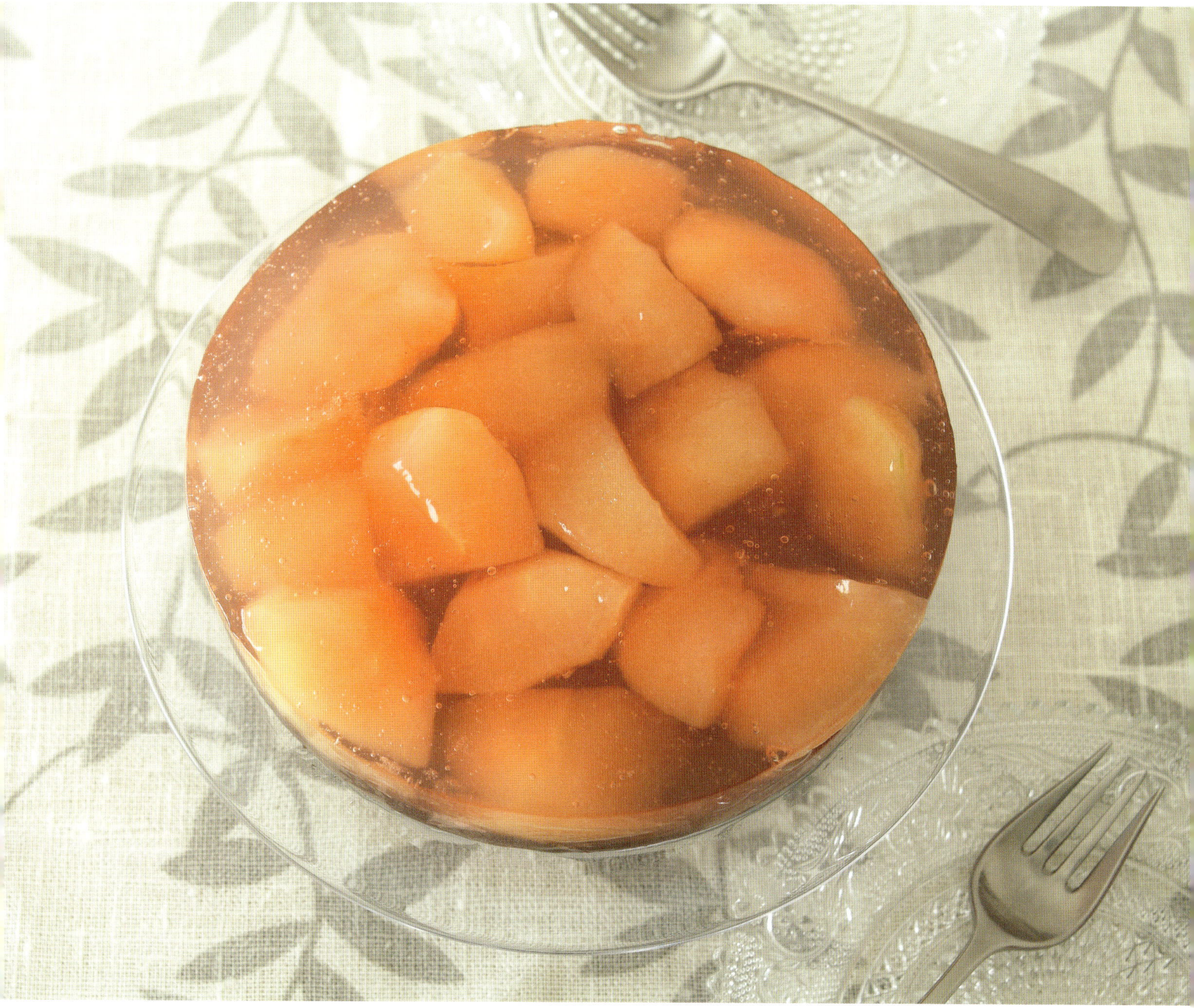

ラムコーク フロートゼリー

ラムコークとコーラフロートを
ミックスしたドリンクゼリー。
レモンラムゼリーに
よく冷えたコーラを注ぎ、
ゼリーをくずしながら飲みましょう。

材料　全量約550㎖・3人分
レモンラムゼリー
　A ┌ 粉ゼラチン…5g
　　└ 水…大さじ3
　B ┌ 水…150㎖
　　└ グラニュー糖…50g
　レモン汁…大さじ2
　ダークラム…50㎖
コーラ…約250㎖
バニラアイスクリーム（市販）
　…適量
レモン（無農薬のもの）の輪切り（約5㎜厚さ
　のもの）…3枚

ダークラム
さとうきびを原料として作られる蒸留酒・ラムの原酒を、内側を焦がした樽に入れて数年間貯蔵して褐色にしたもの。

作り方

❶ Aの水を小さな容器に入れ、粉ゼラチンをふり入れて混ぜ、ラップをして15分おいてふやかす。

❷ 小鍋にBを入れて中火にかけ、耐熱性のゴムべらで混ぜてグラニュー糖を溶かす。軽く沸騰したら火を止め、①のゼラチンをそっと加え、混ぜながらゼラチンを溶かし、そのまま完全に冷ます。

❸ ②にレモン汁、ダークラムを加えて(写真)混ぜ、グラスに分け入れる。ラップをして冷蔵庫に入れ、1時間以上冷やし固める。

❹ ③にバニラアイスクリームをのせ、グラスのふちにレモンを刺し、コーラを等分に注ぎ入れる。

パナシェゼリー

夏のビーチに行くとなぜか飲みたくなるパナシェ。
ゼラチンの泡立つ性質を利用して、本物のビールそっくりに。

材料　全量約250㎖・2人分
A ┬ 粉ゼラチン…5g
　└ 水…大さじ3
B ┬ 水…100㎖
　└ グラニュー糖…大さじ2
レモン汁…大さじ3
白ビール*…100㎖

＊室温に戻しておく。好みのビールに代えても。

作り方

❶ Aの水を小さな容器に入れ、粉ゼラチンをふり入れて混ぜ、ラップをして15分おいてふやかす。

❷ 小鍋にBを入れて中火にかけ、耐熱性のゴムべらで混ぜてグラニュー糖を溶かす。軽く沸騰したら火を止め、①のゼラチンをそっと加え、混ぜながらゼラチンを溶かし、そのまま完全に冷ます。

❸ ②にレモン汁、ビールをそっと加えて混ぜる。このうち約⅓量をボウルに入れ、ラップをして室温におく。残りはグラスに分け入れてラップをし、氷水を入れたバットに並べる。こうして急冷することでビールの風味を逃がさないようにする。バットごと冷蔵庫に入れて30分以上冷やし固める。

❹ ③のゼリーが固まったら、室温においたゼリー液のボウルの底を氷水に当て、ゴムべらでそっと混ぜながら冷やす。とろみがついてきたら、ハンドミキサーまたは泡立て器で勢いよく泡立てる（写真）。

❺ グラスのゼリーに④の泡ゼリーを等分にのせる。

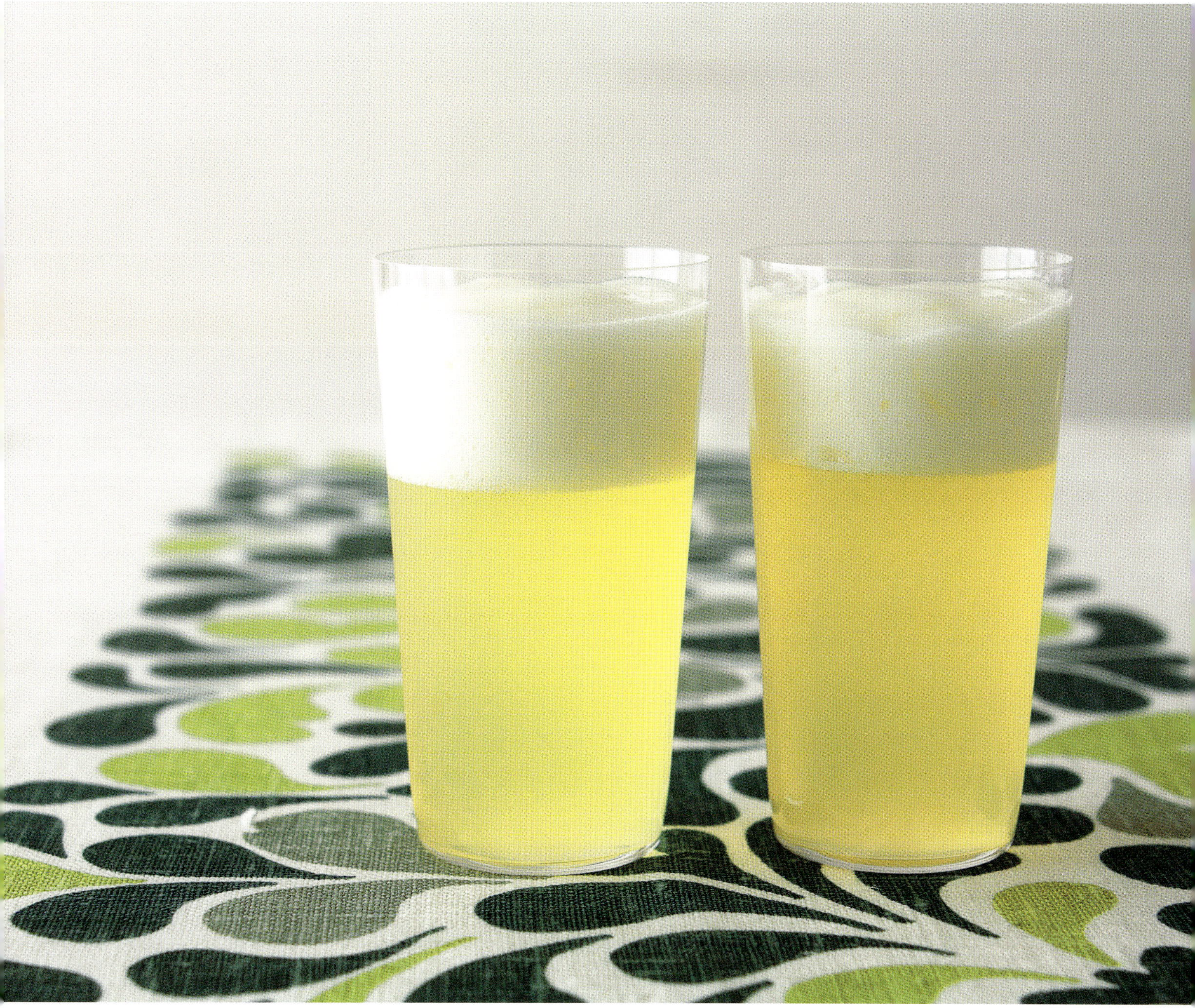

ワインゼリー

アルコール分をしっかりとばすレシピを紹介しますが、
あえて残したい場合は、グラニュー糖が溶けたらすぐに火から下ろします。
チーズのカナッペを合わせてアペリティフ風に。

材料　全量約430mℓ・4〜5人分
A ┬ 粉ゼラチン…5g
　└ 水…大さじ3
グラニュー糖…90g
好みのワイン（ロゼまたは白、赤）*…300mℓ

＊写真は左からロゼ、白、赤ワインのゼリー。

作り方
❶ Aの水を小さな容器に入れ、粉ゼラチンをふり入れて混ぜ、ラップをして15分おいてふやかす。
❷ 小鍋にグラニュー糖、ワインを入れて中火にかけ、耐熱性のゴムべらで混ぜてグラニュー糖を溶かす。沸騰したら火を弱め、あくを取りながら4〜5分煮て、アルコール分をとばす。
❸ ②の火を止め、①のゼラチンをそっと加えて混ぜ、ゼラチンを溶かし、そのまま完全に冷ます。
❹ ③を深めのバットや容器に入れてラップをし、冷蔵庫に入れて2時間以上冷やし固める。
❺ ④をスプーンでざっくりとクラッシュし、グラスに盛る。

チーズのカナッペ
クラッカーに好みのナチュラルチーズ*をのせ、はちみつをかける。

＊ロゼワインゼリーにはシェーブルチーズ、白ワインゼリーにはコンテチーズ、赤ワインゼリーにはブルーチーズがおすすめ。

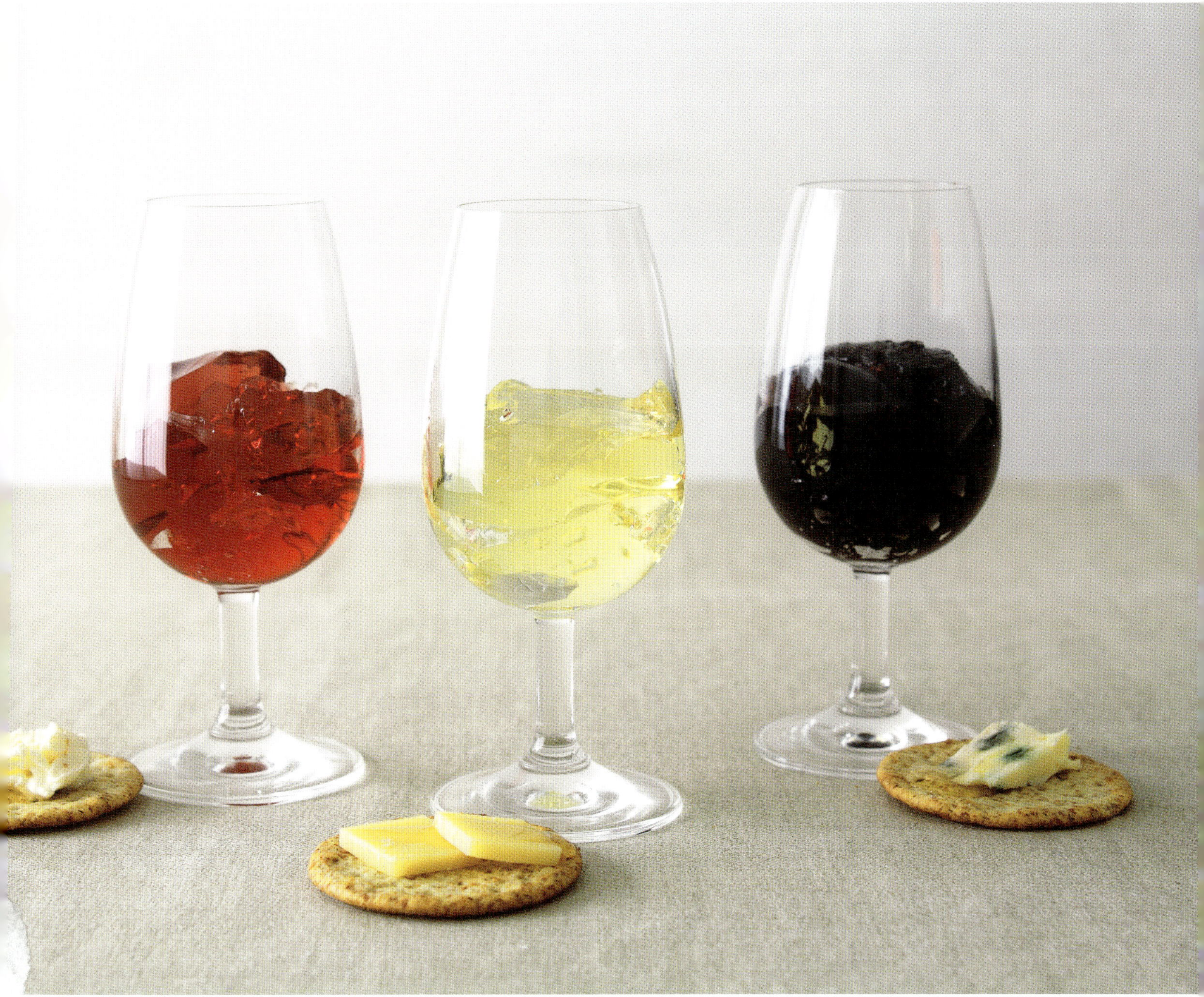

ドライフルーツコンポートゼリーのトライフル風

ドライフルーツのコンポートを固めてトライフル風に仕立てました。
フレッシュとはひと味違うふくよかな風味をぜひ味わってみて。

材料　全量約1.8ℓ・10～12人分

- A
  - 水…900mℓ
  - きび砂糖…280g
- レーズン*…大さじ3（40g）
- ドライクランベリー…20個
- ドライいちじく…6個
- ドライプルーン（種なし）*…12個
- ドライアプリコット…8個
- B
  - 粉ゼラチン…15g
  - 水…大さじ9
- くるみ（殻をむいたもの）…6粒
- 生クリーム（乳脂肪35％のもの）…200mℓ
- きび砂糖…大さじ3
- プレーンヨーグルト…200mℓ

＊レーズン、ドライプルーンは、できればオイルコーティングされていないものを選ぶ。オイルコーティングされたものは、レーズンとプルーンはボウルに入れて熱湯約800mℓを注ぎ、すぐにざるにあけて湯をきり、表面のオイルコーティングを取り除いてから使う。

作り方

❶ 鍋にA、レーズン、ドライクランベリー、縦半分に切ったドライいちじくを合わせて中火にかけ、沸騰したら弱火にし、3分ほど煮る。火を止め、ドライプルーン、ドライアプリコットを加え、鍋の大きさに合わせて切ったオーブンペーパーで紙ぶたをし、そのまま室温まで冷ましながら味をふくませる。できれば一晩冷蔵庫でねかせると、よりおいしくなる（その場合は、いったん室温に戻してから❷へ進む）。

❷ Bの水を容器に入れ、粉ゼラチンをふり入れて混ぜ、ラップをして15分おいてふやかす。

❸ ❶をボウルに重ねたざるでこし、フルーツと煮汁に分ける。煮汁は900mℓとっておく（煮汁が足りなければ水適量を足して900mℓにする）。

❹ ❷のゼラチンを湯せんにかけて（または600Wの電子レンジに2～3秒かけて）溶かし、❸の煮汁に少しずつ加えてゴムべらで混ぜる。

❺ ❸のフルーツを❹に加えてボウルの底を氷水に当て、ゴムべらでゆっくり混ぜながらとろみをつける。

❻ ❺を器に流し入れてラップをし、冷蔵庫に入れて3時間以上冷やし固める。

❼ くるみは140℃に温めたオーブンで20分ほどローストして、冷ます。

❽ ボウルに生クリームときび砂糖を入れ、泡立て器で八分立てにする。ヨーグルトを加えて混ぜ、❻のゼリーに流し入れ、❼のくるみを散らす。

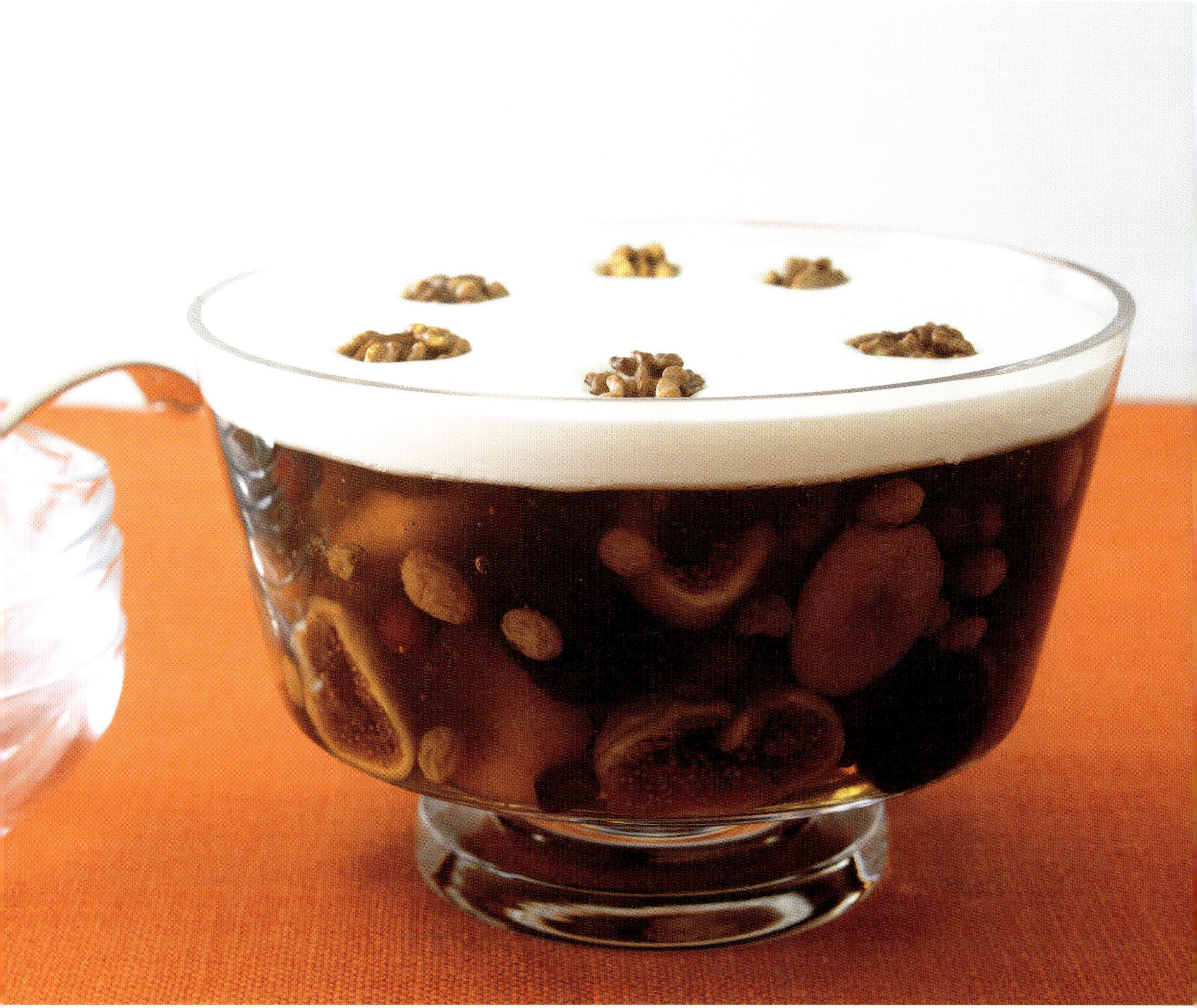

塩ゼリー

塩ゼリーは、デザートではなく料理として楽しむ、甘くないゼリー。
ブイヨンや和風だしをベースに、スパイスやハーブで風味よく仕上げます。
のどごしつるるん、さっぱりとした味わいで、体もすっきり。
前菜、お酒のおつまみ、サイドディッシュに。
おもてなしにもおすすめです。

トマトカップゼリー

トマト果汁にモッツァレラとバジルを加えて固めた、カプレーゼ風の味わい。
カップにしたトマトごと、ガブリといただきましょう。

材料　4個分
フルーツトマト*…4個
A ┌ 粉ゼラチン…3g
　 └ 水…大さじ1
モッツァレラチーズ（1cm角に切る）
　…½個（約60g）
バジルの葉…4枚
塩…適量
エクストラバージンオリーブオイル
　…適宜

＊室温に戻しておく。

作り方

❶　Aの水を小さな容器に入れ、粉ゼラチンをふり入れて混ぜ、ラップをして15分おいてふやかす。

❷　トマトはへたの部分に少し果肉が残るくらいに切り、へたの部分もとっておく。下の部分は小さなスプーンで中身をくりぬく（皮に果肉を少し厚めに残しておく）。くりぬいた種と果肉はボウルに重ねざるに入れ、ゴムべらなどで押さえてつぶし、果汁をとる。このうち100mlをとっておく（果汁が足りなければ水適量を足して100mlにする）。くりぬいたあとのトマトもとっておく。

❸　アルミホイルをクルクルと巻いて1cm幅くらいにし、トマトがのるようにリング状にする。これを4つ作ってバットに置き、②のくりぬいたトマトをのせて安定させる（写真）。

❹　①のゼラチンを湯せんにかけて（または600Wの電子レンジに2〜3秒かけて）溶かし、②の果汁にそっと加えてゴムべらで混ぜる。味をみて塩少々で調える。

❺　④のボウルの底を氷水に当て、ゴムべらでそっと混ぜながらとろみをつけ、モッツァレラチーズを加えて混ぜる。

❻　②でとっておいたトマトに⑤を⅛量ずつ分け入れ、バジルの葉を1枚ずつのせ、残りの⑤を分け入れる。ラップをし、冷蔵庫に入れて2時間以上冷やし固める。

❼　器に盛り、②でとっておいたへたの部分を添える。塩少々をふり、好みでオリーブオイルをかけて食べる。

野菜ゼリー

グリーンの野菜と食感のよい野菜を冷やし固めた、
サラダとスープをミックスしたようなゼリー。おもてなしの前菜におすすめ。

材料　全量約800㎖・直径9㎝×高さ2.5㎝のセルクル4個分

A ┌ 粉ゼラチン…10g
　└ 水…大さじ6
ヤングコーン…5本
ブロッコリー（小房に分けたもの）
　…カップ½
オクラ…5本
小玉ねぎ…4個
グリンピース…大さじ3
長芋（直径3㎝のもの）…5㎝（約50g）
アボカド…¼個
チキンスープ*…450㎖
タイムの葉…小さじ½
塩…適量
白こしょう**…少々
カレーマヨネーズソース
　カレー粉…小さじ1
　マヨネーズ…大さじ4
　牛乳…大さじ1

*洋風チキンスープの素を袋の表示どおりに湯で溶いたもの。
**ミルでひいたもの。

作り方

❶ セルクルの片面にラップをしっかり貼りつける。ラップを貼ったほうを下にして、キッチンペーパーを敷いたバットに並べる。

❷ Aの水を容器に入れ、粉ゼラチンをふり入れて混ぜ、ラップをして15分おいてふやかす。

❸ ヤングコーンからグリンピースまでの野菜はそれぞれ塩ゆでする。ヤングコーンは1㎝幅の小口切りにする。オクラはがくを取り、1㎝幅の小口切りにする。小玉ねぎは縦半分に切る。長芋は皮をむいて1㎝角に切り、酢水（分量外）に3分ほどつけて、水けをよくきる。アボカドは皮をむき、8等分に切る。

❹ 小鍋にチキンスープ、タイムの葉を入れて中火にかけ、ひと煮立ちしたら火を止める。②のゼラチンをそっと加え、耐熱性のゴムべらで混ぜ、ゼラチンを溶かす。塩、こしょう各少々で味を調える。

❺ ④をボウルに移して底を氷水に当て、ゴムべらでそっと混ぜながら、とろみをつける。

❻ ⑤に③の野菜を加えて混ぜ、①のセルクルに分け入れる（写真）。ラップをし、バットごと冷蔵庫に入れて3時間以上冷やし固める。

❼ 容器にカレーマヨネーズソースの材料を混ぜ合わせ、ラップをして冷蔵庫に入れ、冷やす。

❽ ⑥のラップを手早くはずし、セルクルごと器にのせる。セルクルとゼリーの間に竹串を入れてなぞり、セルクルをそっと上に引っ張ってはずす。⑦のソースを添える。

直径9×高さ2.5㎝のセルクル
セルクルとは、底がない側面の枠だけの型。料理の抜き型、ケーキなどの焼き型として使います。

49

生ハムペッパーゼリー

サーモンディルゼリー

生ハムメロン風のゼリーを
クラッカーにのせて。
マスカルポーネはサワークリームや
マヨネーズに代えても。

スモークサーモン＆ディルは
定番の組み合わせ。
サーモンはクルクルと小さく巻いて
食べやすくします。

生ハムペッパーゼリー

材料　全量約300㎖・11×14×高さ5㎝の流し缶1台分
A ┌ 粉ゼラチン…5g
　 └ 水…大さじ2
生ハム…小3枚（約20g）
チキンスープ*…200㎖
粗びき黒こしょう…小さじ¼
クラッカー…9枚
マスカルポーネチーズ…約大さじ2
メロン（一口大の薄切り）…9枚
エクストラバージンオリーブオイル…適量

＊洋風チキンスープの素を袋の表示どおりに湯で溶いたもの。

作り方
❶　Aの水を小さな容器に入れ、粉ゼラチンをふり入れて混ぜ、ラップをして15分おいてふやかす。
❷　生ハムは長さを3等分に切る。
❸　小鍋にチキンスープ、粗びき黒こしょうを入れて中火にかけ、ひと煮立ちしたら火を止める。①のゼラチンをそっと加え、耐熱性のゴムべらで混ぜてゼラチンを溶かす。
❹　③をボウルに移して底を氷水に当て、ゴムべらでそっと混ぜながらとろみをつける。
❺　流し缶を水でサッとぬらし、④の半量を流し入れる。②の生ハムを菜ばしでクシュッと丸めるようにして並べ（写真）、残りの④を流し入れる。ラップをし、冷蔵庫に入れて3時間以上冷やし固める。
❻　⑤を流し缶から取り出し、水でサッとぬらした包丁で9等分に切り分ける。
❼　⑥の1個をクラッカー1枚にのせ、ティースプーンなどでマスカルポーネチーズの⅑量をのせ、メロン1枚を添え、オリーブオイル少々をかける。残りも同様にして作る。

サーモンディルゼリー

材料　全量約300㎖・11×14×高さ5㎝の流し缶1台分
A ┌ 粉ゼラチン…5g　　　　クラッカー…9枚
　 └ 水…大さじ3　　　　　サワークリーム…約大さじ2
スモークサーモン…4枚（約50g）　レモンの薄切り…1枚
チキンスープ*…200㎖　　　　ピンクペッパー…適量
ディルの葉…1つまみ　　　　エクストラバージン
レモン汁…小さじ½　　　　　　オリーブオイル…適量

＊洋風チキンスープの素を袋の表示どおりに湯で溶いたもの。

作り方
❶　Aの水を小さな容器に入れ、粉ゼラチンをふり入れて混ぜ、ラップをして15分おいてふやかす。
❷　サーモンは長さを3等分に切ってクルクルと丸める（写真）。
❸　小鍋にチキンスープを入れて中火にかけ、ひと煮立ちしたら火を止める。①のゼラチンをそっと加え、耐熱性のゴムべらで混ぜてゼラチンを溶かす。
❹　③をボウルに移して底を氷水に当て、冷めたらディルの葉とレモン汁を加える。ゴムべらでそっと混ぜながらとろみをつける。
❺　流し缶を水でサッとぬらし、④の半量を流し入れる。②のサーモンを並べ、残りの④を流し入れる。ラップをし、冷蔵庫に入れて3時間以上冷やし固める。
❻　⑤を流し缶から取り出し、水でサッとぬらした包丁で9等分に切り分ける。
❼　⑥の1個をクラッカー1枚にのせ、ティースプーンなどでサワークリームの⅑量をのせ、レモンを9等分に切って添え、ピンクペッパーを散らし、オリーブオイル少々をかける。残りも同様にして作る。

えびとポーチドエッグのゼリー

ゼリーを割ると、とろりと流れ出す黄身がソース代わりに。
セルクルで作りますが、器に冷やし固めてスプーンですくって食べても。

材料　全量約310㎖・6.5×4.5×高さ3.5㎝の楕円形セルクル4個分

えび…4尾
卵*…4個
A ┌ 粉ゼラチン…5g
　└ 水…大さじ3
チキンスープ**…カップ1
ローリエ…1枚
塩…適量
白こしょう***…少々
セルフィーユ…少々
エクストラバージンオリーブオイル
　…約小さじ4

＊室温に戻しておく。
＊＊洋風チキンスープの素を袋の表示どおりに湯で溶いたもの。
＊＊＊ミルでひいたもの。

作り方

❶ セルクルの片面にラップをしっかり貼りつける。ラップを下にして、キッチンペーパーを敷いたバットに並べる。

❷ Aの水を小さな容器に入れ、粉ゼラチンをふり入れて混ぜ、ラップをして15分おいてふやかす。

❸ えびは背わたを取って塩ゆでし、殻と尾を取る。

❹ ポーチドエッグを作る。小さな器に卵を割り入れる。小鍋（深めのものがよい）にたっぷりの湯を沸かし、酢約小さじ1（分量外）を入れる。中火にしてフツフツと沸いている状態を保ちながら、スプーンなどで湯を勢いよく丸くかき回して中央に渦を作る。この渦をめがけて、卵1個を入れて3分ゆで（写真a）、そっと取り出して、すぐに氷水に5分ほどつけて冷ます。水でぬらしてかたく絞った布巾の上に取り出す。残りも同様にして作る。
・渦を作ることで白身が黄身に巻きついて形のよいポーチドエッグができる。

❺ 小鍋にチキンスープ、ローリエを入れて中火でひと煮立ちさせ、塩少々、白こしょうで味を調える。ローリエを取り除き、②のゼラチンをそっと加えて耐熱性のゴムべらで混ぜてゼラチンを溶かす。

❻ ⑤をボウルに移して底を氷水に当て、ゴムべらでそっと混ぜながら、ゆるいとろみをつける。

❼ ①のセルクルに⑥を大さじ1ほど入れてポーチドエッグを1個ずつのせ（写真b）、残りの⑥を等分に流し入れ、えび、セルフィーユをのせる。ゼリー液から具が出ないよう、軽く押してゼリー液の下に沈める。ラップをし、冷蔵庫に入れて3時間以上冷やし固める。

❽ ⑦のラップを手早くはずし、セルクルごと器にのせる。セルクルとゼリーの間に竹串を入れてなぞり、セルクルをそっと上に引っ張ってはずし、オリーブオイルをかける。

a　b

6.5×4.5×高さ3.5㎝の楕円形セルクル
48ページの「野菜ゼリー」では丸いセルクルを使いますが、こちらはポーチドエッグが形よくおさまる楕円形を使用。

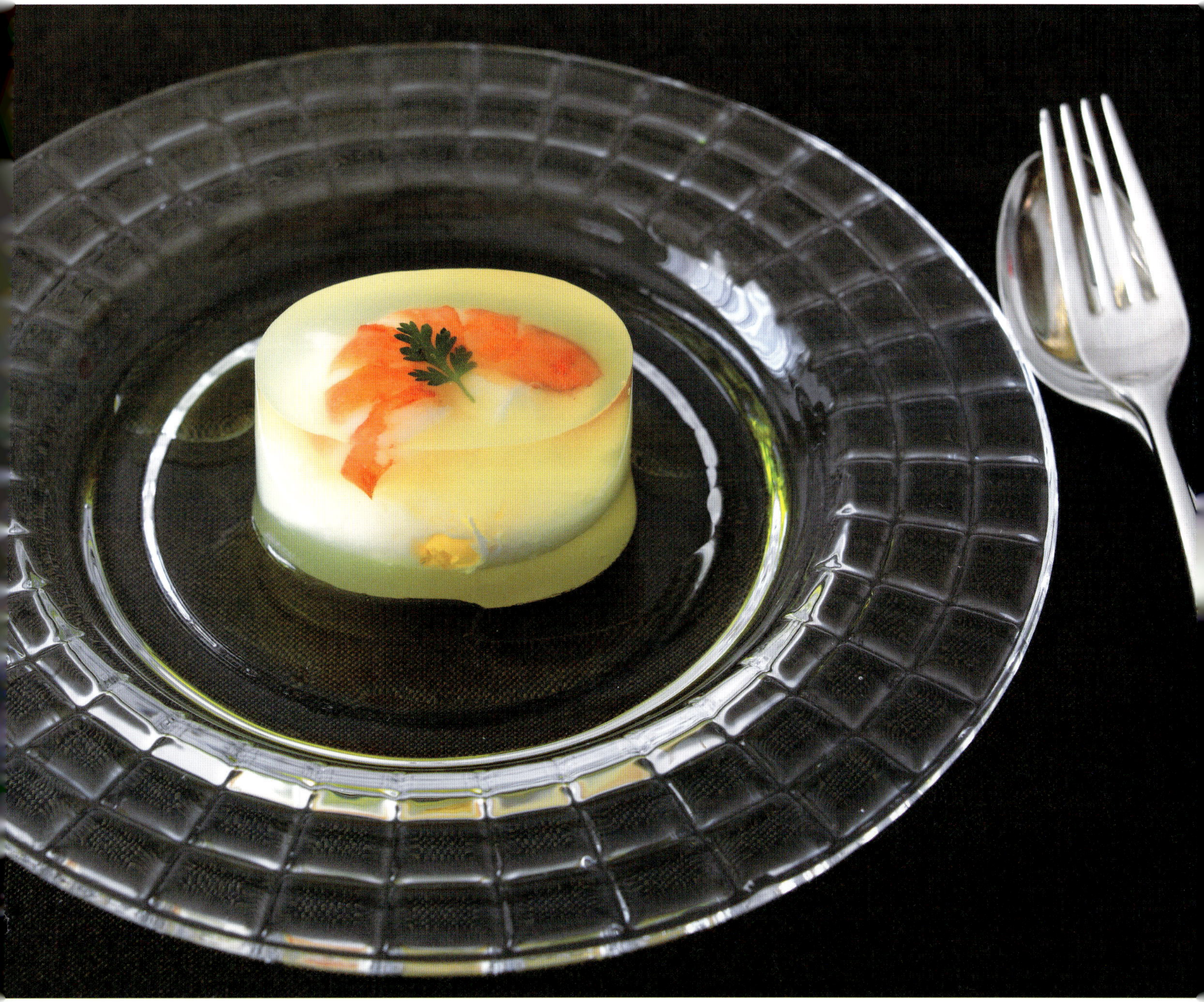

枝豆と豆腐の
すり流しジュレ

懐石料理でおなじみの枝豆のすり流しを
ゆるめに固め、
豆腐を加えて食べごたえを出しました。
やさしい風味で、食欲のないときにもおすすめ。

とうもろこしと香菜の
すり流しジュレ

だしがベースの和風コーンスープに
香菜を加えて
エスニック風の味わいに。
汁物感覚で献立に取り入れてください。

枝豆と豆腐のすり流しジュレ

材料　全量500㎖・4人分
A ┬ 粉ゼラチン…5g
　 └ 水…大さじ3
枝豆（塩ゆでしたもの）…80g（薄皮をむく）
絹ごし豆腐…適量
和風だし*…300㎖
塩…適量
薄口しょうゆ…小さじ½

＊昆布とかつお節でとったもの。室温に戻しておく。

作り方
❶　枝豆は飾り用に4粒取り分けておく。
❷　Aの水を小さな容器に入れ、粉ゼラチンをふり入れて混ぜ、ラップをして15分おいてふやかす。
❸　ミキサーに①の枝豆（飾り用は除く）、和風だしを入れてよく攪拌してなめらかにし、ボウルに移す。塩少々、薄口しょうゆを加えて混ぜる。
❹　②のゼラチンを湯せんにかけて（または600Wの電子レンジに2〜3秒かけて）溶かし、③にそっと加えてゴムべらで混ぜる。ボウルの底を氷水に当て、そっと混ぜながらとろみをつける。
❺　④を半量くらいずつ器に分け入れ、豆腐をスプーンなどでざっくりとすくってのせ、残りの④を等分に流し入れ、飾り用にとっておいた枝豆を1粒ずつのせる。

とうもろこしと香菜のすり流しジュレ

材料　全量約400㎖・4〜5人分
とうもろこし…1本（正味約160g）
A ┬ 粉ゼラチン…5g
　 └ 水…大さじ3
和風だし*…200㎖
香菜（シャンツァイ）の葉…1つまみ
塩…少々
薄口しょうゆ…小さじ1

＊昆布とかつお節でとったもの。室温に戻しておく。

作り方
❶　とうもろこしは柔らかめに蒸すか、ゆでる。包丁で実をこそげ取り、室温まで冷ます。このうち飾り用に12粒ほど取り分けておく。
❷　Aの水を小さな容器に入れ、粉ゼラチンをふり入れて混ぜ、ラップをして15分おいてふやかす。
❸　ミキサーに①のとうもろこし（飾り用は除く）、和風だし、香菜の葉を入れ、よく攪拌してなめらかにし、ボウルに移す。塩、薄口しょうゆを加えて混ぜる。
❹　②のゼラチンを湯せんにかけて（または600Wの電子レンジに2〜3秒かけて）溶かし、③にそっと加えてゴムべらで混ぜる。ボウルの底を氷水に当て、そっと混ぜながらとろみをつける。
❺　④を器に分け入れ、飾り用にとっておいたとうもろこしを等分にのせる。

白身魚の梅じそ風味茶巾ゼリー

白身魚と梅じその香りをだしベースの茶巾ゼリーに閉じ込めました。つるんとのどごしがよく、さっぱりした味わいです。

材料　全量約320㎖・4人分
白身魚（たい、すずきなど）の切り身…1切れ
下味
　塩…少々
　酒…小さじ2
A ┌ 粉ゼラチン…5g
　└ 水…大さじ3
梅干し…1個
青じそ…2枚
B ┌ 和風だし*…200㎖
　├ 塩…少々
　├ 酒…小さじ1
　└ 薄口しょうゆ…小さじ½
うま酢
　水…40㎖
　酢…小さじ2
　薄口しょうゆ…小さじ1
　上白糖…小さじ2
柚子こしょう…適量

＊昆布とかつお節でとったもの。室温に戻しておく。

作り方

① 白身魚は8等分に切って耐熱性の皿に入れ、下味の塩をふって酒をまぶし、ラップをして冷蔵庫に10分おく。これを蒸気が上がった蒸し器に入れて8分ほど蒸し、粗熱をとる。皮と骨を取り、ラップをして冷ます。

② Aの水を小さな容器に入れ、粉ゼラチンをふり入れて混ぜ、ラップをして15分おいてふやかす。

③ 梅干しは種を取り、小さくちぎる。青じそは粗みじん切りにする。

④ 容量100㎖くらいの容器に20㎝四方に切ったラップを敷き込んだものを4個準備する。

⑤ 小鍋にBを合わせて中火にかけ、煮立ったら火を止め、②のゼラチンをそっと加えて耐熱性のゴムべらで混ぜて溶かす。

⑥ ⑤をボウルに移して底を氷水に当て、ゴムべらでそっと混ぜながらとろみをつける。③の梅肉、青じそを加え、④に手早く分け入れる。①の魚を等分に中央にのせ、軽く押してゼリー液に沈める（写真a）。ラップを茶巾に包み、口を輪ゴムでしっかりとめ、たっぷりの氷水を張ったボウルに入れ、30分ほどおいて冷やし固める（写真b）。

⑦ 小鍋にうま酢の材料を合わせて火にかけ、ひと煮立ちしたら火を止め、酢の風味がとばないように、鍋の底を氷水に当てて冷ます。

⑧ ⑦のうま酢を器に等分に敷き、⑥のラップをはずしてのせ、柚子こしょうをのせる。

a　b

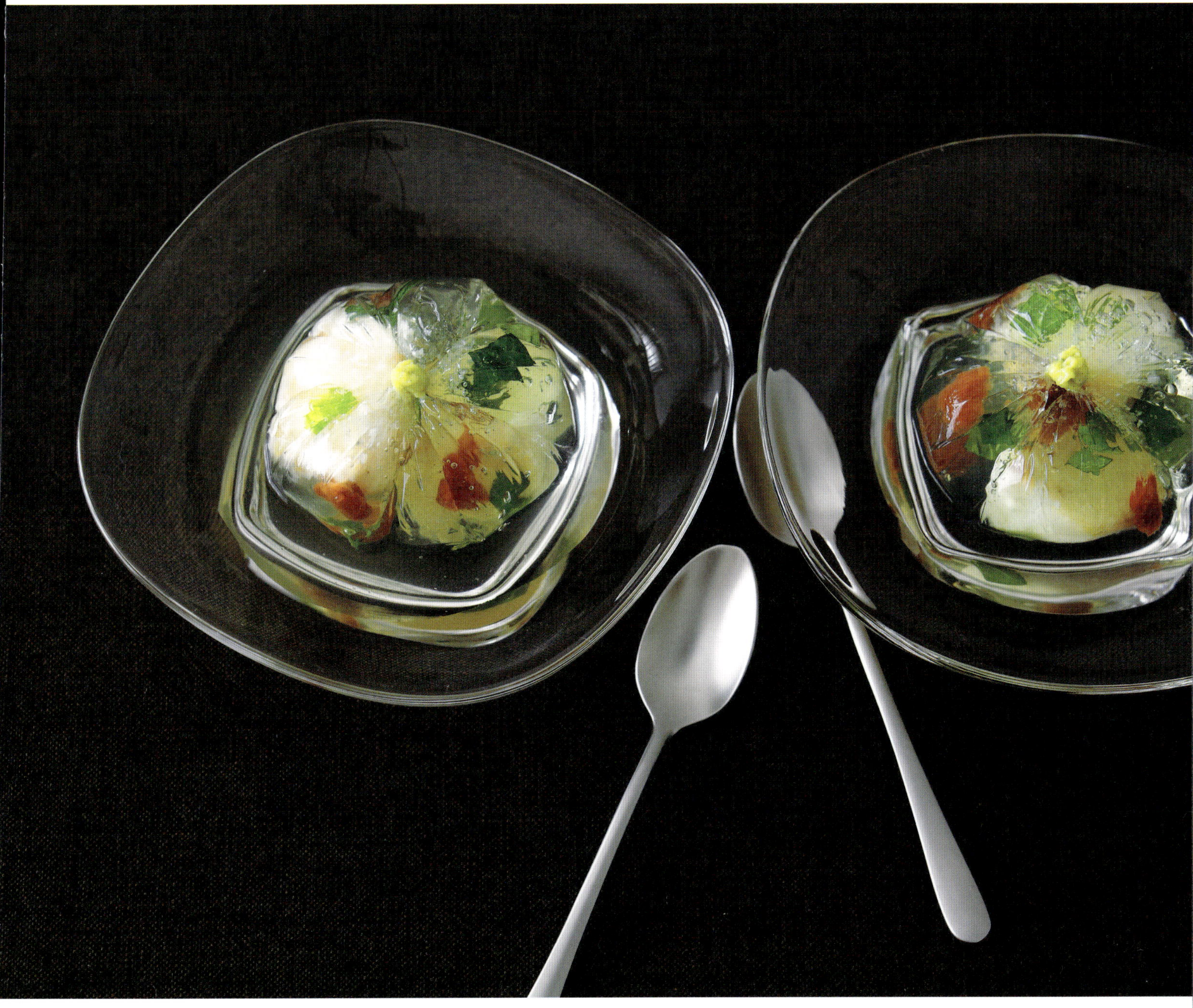

焼きなすゼリー

ビネガーの酸味でさっぱりとしたマリネ風の焼きなすゼリー。
ハーブのお酒・ペルノーが効いたクリームとよく混ぜて食べましょう。

材料　全量約500mℓ・4人分
なす…4本
A ┌ 粉ゼラチン…5g
　└ 水…大さじ3
黒オリーブ（種なし）…2個
チキンスープ*…300mℓ
塩、白こしょう**…各適量
シェリービネガー（または白ワインビネガー）
　…小さじ2
ペパーミントの葉…約20枚
生クリーム（乳脂肪35％のもの）…120mℓ
ペルノー…大さじ1

＊洋風チキンスープの素を袋の表示どおりに湯で溶いたもの。室温に戻しておく。
＊＊ミルでひいたもの。

作り方

❶　なすはへたの周囲を切り落とし、皮に浅い切り目を縦に4～5本入れ、焼き網にのせて中火で焼く（または魚焼きグリルで焼いてもよい）。竹串を刺してスーッと通るくらいに柔らかくなったら火から下ろす。粗熱をとり、切れ目に竹串を入れ、皮を引っ張ってむき（写真）、横6等分に切る。そのまま室温まで冷ます。黒オリーブは6等分の輪切りにする。

❷　Aの水を小さな容器に入れ、粉ゼラチンをふり入れて混ぜ、ラップをして15分おいてふやかす。これを湯せんにかけて（または600Wの電子レンジに2～3秒かけて）溶かす。

❸　ボウルにチキンスープを入れ、❷のゼラチンをそっと加えてゴムべらで混ぜる。味をみて塩、白こしょう各少々で調える。

❹　❸にシェリービネガーを加え、ボウルの底を氷水に当て、そっと混ぜながらとろみをつけ、❶のなすと黒オリーブ、ペパーミントの葉を加えて混ぜる。

❺　❹を器に分け入れてラップをし、冷蔵庫に入れて1時間以上冷やし固める。

❻　生クリームは軽く塩、白こしょうをふり、ペルノーを加えて混ぜ、❺に等分にかける。

ペルノー
ヨーロッパ各国で作られる薬草系のリキュールで、主成分のアニスにさまざまなハーブやスパイスを加えて作られます。

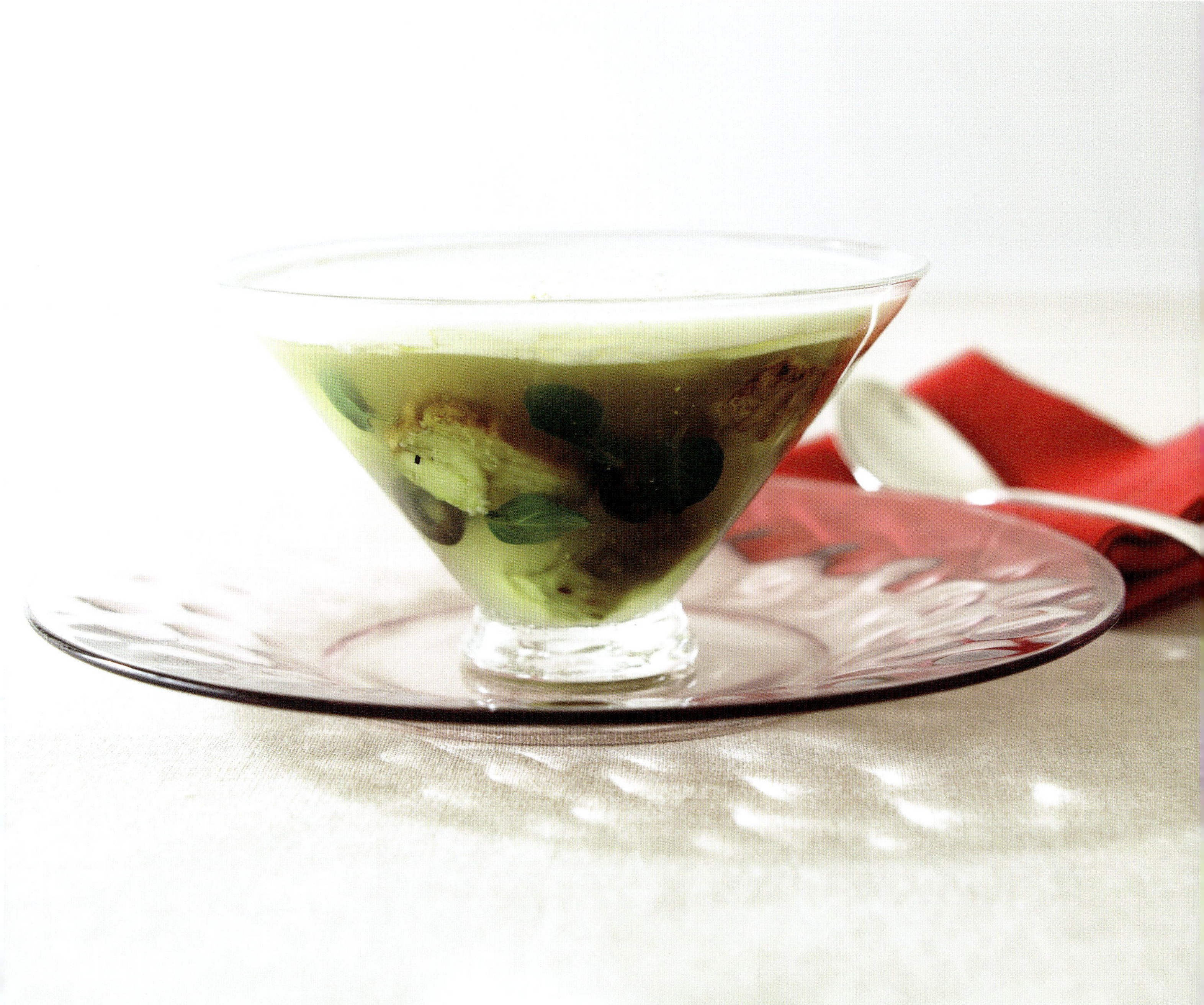

渡辺麻紀（わたなべ・まき）

白百合女子大学仏文科卒業。
フランス料理研究家・上野万梨子氏に師事、
アシスタントを務める。
ル・コルドン・ブルー代官山校に勤務のあと、
フランス、イタリアへ留学、現地で料理を学ぶ。
フランス料理をベースとした、
あたらしく、センスのいいレシピの提案にファンが多い。
著書に『QUICHES キッシュ』『TERRINES テリーヌ』
『CAKES SALES ケーク・サレ』『TARTINES タルティーヌ』（以上、池田書店）、
『スコップケーキ！』『ヴェリーヌ グラスで楽しむフレンチ』
（ともに成美堂出版）など多数。
http://www.makiette.com

撮影／広瀬貴子
スタイリング／大畑純子
ブックデザイン／茂木隆行
編集／宇田真子

講談社のお料理BOOK
甘ゼリー・塩ゼリー

2011年7月19日　第1刷発行

著　者　渡辺麻紀
　　　　Ⓒ Maki Watanabe 2011, Printed in Japan
発行者　鈴木　哲
発行所　株式会社 講談社
　　　　東京都文京区音羽 2-12-21　〒112-8001
　　　　電話　編集部 03-5395-3527
　　　　　　　販売部 03-5395-3625
　　　　　　　業務部 03-5395-3615
印刷所　日本写真印刷株式会社
製本所　大口製本印刷株式会社

落丁本・乱丁本は購入書店名を明記のうえ、
小社業務部あてにお送りください。
送料小社負担にてお取り替えいたします。
なお、この本についてのお問い合わせは、
生活文化第一出版部あてにお願いいたします。
本書のコピー、スキャン、デジタル化等の無断複製は
著作権法上での例外を除き禁じられています。
本書を代行業者等の第三者に依頼して
スキャンやデジタル化することは
たとえ個人や家庭内の利用でも著作権法違反です。
定価はカバーに表示してあります。
ISBN978-4-06-299533-7